Otteita valintoja tehneiden kommenteista:

"Minua ihastutti runojen rytmi, teki mieli lukea ääneen".

"Pysäyttävät runosi saivat aikaan kauniin tunnelman jopa tummin sävyin".

"Kiitokset runoista. Ne herättivät monenlaisia ajatuksia menneistä ajoista, lapsuudesta...."

"Nostalginen 50-luvun tunnelma. Rakastuneen ihmisen vuodatus onnesta. Hyvä rytminen. Naseva ja hauska sanaleikki. Hienoa symboliikkaa. Hyvin etenevä. Näen siinä myös oivaltavaa symboliikkaa. Hauskaa sanaleikkiä. Sopii myös lapsille. Ihminenkin voi olla kuin hiiri."

Mauri Laakkonen

Merenhelmiä

runoja elämästä

Runot 2021:	Mauri Laakkonen
Runojen valinta:	Danatu-al-Bahr Merenhelmet ry
	Merja Toivakka, Anneli Merikanto,
	Anna-Liisa Niemelä, Taina Kivelä,
	Marja-Riitta Kiviaho, Marketta Saari,
	Leila Kastelli, Rauni Pesonen,
	Liisa Eskelinen, Merja Parkkasaari,
	Sari Kauranen
Taitto:	Mauri Laakkonen
Julkaisija:	Mauri Laakkonen
Kuvat:	Taina Kivelä (s. 7, 8, 45, 100, 133, 142)
	Merja Parkkasaari (s. 76)
	Katja Heikkinen (s. 32, 53)
	Leila Paso (s. 90)
Kannen kuva:	Leila Kastelli (s. 17)

© 2022 Laakkonen, Mauri
Kustantaja: BoD – Books on Demand, Helsinki, Suomi
Valmistaja: BoD – Books on Demand, Norderstedt, Saksa
ISBN: 9789528062325

Johdanto

*Merenhelmiä, runoja elämästä-teoksen runot **Mauri Laakkosen***
*vuoden 2021 tuotannosta valitsi raahelainen **Merenhelmet ry**.*
Idea kirjan toteuttamisesta tanssiryhmän avustuksella syntyi,
kun runoilija kuuli yhdistyksen viettävän 20-vuotisjuhlaa vuoden
2022 aikana.

> *"Istun rannalla, edessäni elämänmeren aava,*
> *sanojen loputon virta, hyöky matkalla kohden rantaa.*
> *Soljuen suutelevat aallot, kuljettavat ajatusten purtta,*
> *sydämen kokoiseen satamaan, toisemme kohtaamaan".*

Merenhelmet syntyi vuonna 2002 itämaisesta tanssista innostunei-
den tanssijoiden ideasta. Ryhmän pääohjaajana ja koreografioiden
*luojana on toiminut syyrialainen **Nada Naphani**. Hän on laatinut*
ryhmälle 30–40 erilaista esityskokonaisuutta. Perustajajäsenistä mu-
kana on edelleen kahdeksan tanssijaa. Tanssin alkeiden opetukseen
on osallistunut viisi ryhmän tanssijoista.

Noin kahdenkymmenen aktiivin joukko on esiintynyt lukuisissa
tilaisuuksissa Raahessa, Oulussa, Ruotsin laivalla sekä festivaaleilla
ja juhlissa eri puolilla Suomea. He ovat aktiivisia harrastajia ja ko-
koontuneet yhteen myös ulkoilun, retkien, opiskelun ja pukujen om-
pelun merkeissä.

Tänä vuonna 10 vuotta täyttävän Ruusumuorin kesäkahvilan pi-
hapiirissä tanssijat ovat vierailleet yhdeksänä kesänä.

Aloitin runojen kirjoittamisen vuonna 2014 Riihimäen kansalais-opiston Tarinat talteen -ryhmässä. *Ensimmäisen runokirjan julkaisin äitini 85-vuotispäivän kunniaksi marraskuussa 2014. Nyt julkaistuja teoksia on parikymmentä, niistä osa nimimerkillä* **Justin Larma** *ja kolme Kalajokilaakson murteella.*

Kirjoitan päivittäin runon tai kaksi. Olen toiminut aktiivisesti Facebookin runoilijaryhmien lisäksi riihimäkeläisessä **Samuli Parosen seuran Runoringissä** *ja viime aikoina Hausjärven kunnankirjastossa kokoontuvassa* **Melleriinit** *-ryhmässä.*

Tämän kirjan myötä esitän vilpittömät kiitokset ja onnittelut 20-vuotiaalle **Merenhelmet ry:lle** *ja aktiiveille runovalinnoista sekä kirjan kuvitukseen luovuttamistaan kuvista. Lämmin kiitos myös yhteyshenkilönä toimineelle ruusumuori* **Leila Kastellille.**

Hausjärvellä keväällä 2022

Mauri Laakkonen

6

Sinä tulit

Kuva TK

Kuva TK

1. Sinä tulit

Sinä tulit

pitsihelmoin kostein koskettelit
hyöyin jalkojani huuhtelit
suutelit suolaiset kyyneleeni

Meri
ikuinen morsiameni

2. Sinä tulet

Aina sinä tulet
ja aina palaat
uudelleen tullaksesi
huuhdot rantani
kallioni
puhtaiksi askelilleni

Aina sinä tulet
minäkin

9

3. Muiston istutti

Voimaansa otti
vahvat kumosi, kaatoi
huuhtoi sylissään
kumosi kiville
rantaan väsyneet raastoi
lempeytensä osoitti
sydämeensä muiston istutti

4. Diiva

Hän käy ylitse
kulkee ylväästi editse
ei sivuilleen vilkuile
diivan elkeitä
ethän tuomitse

5. Rantojani kuljen

Otin käteeni valon
sormiini lämmön sulon
kantaen kultakehrää rannallani
astun askelin verkkaisin iltaani
huurretimantit hiuksissani

Piirsi sulka tarinaani
jäiseen hankeen kertomaani
josta jokaisen sanan ymmärsin
taas huomenna tulisin takaisin
sydämen valon täällä kohtaisin

6. Kaipaus

Rahtunen hiljaisuutta
kuvajaisen rauha
sydämeni, pinnalla
lumpeiden kaipaus
korkealle, päästä
pilvien alle

11

7. Tulin seinällesi

Olen kuin vesi
liplattava aaltojen leikki
sydämesi varjoisilla kivillä
minä leikin, kisailen
olen humiseva rakkaus
täynnä pienen pieniä onnen siruja
huomaatko
tulin tuulen mukana seinällesi
riemuiten tanssimaan
jotta huomaisit
kuinka kaikki luonnossa
toistaa samaa
aaltojen liplattavaa liikettä

8. Kelluisin päiväni pois

En hetkeäkään epäile
kuinka kaunis on ja häikäisee
veden kimallus väreissä
talvisen puron äärellä
pinnalla jäähileitä

Kelluisin
kelluisin pois kaikki päiväni
vapaana kauemmas ne kuuluisi
ja kun kohtaamme
teemme sen yhdessä

9. Hälvenee

Ikävä. Ääretön harso harmaata usvaa,
joka kietoutuu ympärilleni, sisälleni.
Ja siellä jossakin on se, jota kaipaan.

Mitä se minulle teki. Tekee yhä.
Ei jätä rauhaan.

Ja sisältäni palan, valun itsesäälini tervaa
yksinäisen toiveettomaan maailmaan

sinun vuoksesi

10. Varjot kuin muistot

Varjot varjoni vieressä
vahva ja hennot yhdessä
taittuvat valossa materiaan
sepeliksi, murusiksi, hiekanjyviksi
astua katveeseen, tulla julki
kuin muistot päiväkirjani sivuilla

11. Karanteenissa

Pärskien lyövät
aallot kallioon, luolaan
veden alaiseen, käy hyöky
täydellä voimallaan, pienet
kalaparvet seuranaan

Ravut kiipivät kielekkeillä
suolaisen veden asukit
ovat tutuilla omilla teillä
kiperät kiipijät, taiturit
keräävät uteliaat katsojat

Turistit rantabulevardilla
kesäasuissaan kulkevat
joka vuosi, yhä uudestaan,
samoilla rannoilla astelevat,
samat näkymät kohtaavat

Lämpö hyväilee kehoa
Ravut kiipivät laavakivillä

Valtaa koti-ikävä

Talven leikit mielessä
ei kotiin pääse karanteenista
kun ei ole kotiin lentoja

12. Sieluuni talletettu

Tänäänkin varjooni käyn
varjojani, piirrän pintaasi, näyn
kisaillen ja leikin valossasi
olen jälleen sinun varjosi,
tanssin ja näyn
kanssasi käyn

— —

Minä kosketan sinua
sinua, varjokuvani, yllä
piilotettu ystäväni, kokemus
yllätyksiä täynnä, tänään
eilen, aina
erilainen on muotosi
ei outo, tuttu olet, kohdattu
usein, sieluuni saatettu,
talletettu

Kuva LK

Tanssi

13. Askelissa toistuva

Askelissa toistuva keveys
liikkumisen ihastuttava viehkeys
on ryhmäämme soma katsella, kun
tanssimme hurmaa pihanurmella
näyttämöillä, juhlasaleissa

Kuin aallot käyvät rantaan
liike kuljettaa tanssijoitaan
keräämme katseita, ihastusta
merenhelmet loistavat, toistavat
liikkeen ja rytmin suloutta

"Irtuaa ryhymäsä ilo / rupiaa rymyämään moni /
ryykää kiireellä tinkaamaan / misä ja millon tanssataan" ml

14. Jalat vikkelät

Voiko unelmilla olla siivet?
Entäpä jos, niillä onkin vikkelät jalat.

Jalat, jotka viipottavat
pienin sukkelin askelin
kohti kaikkea uutta, utopiaa
kuin levoton mieliteko
joka haukkaa ensimmäistä palaa
jo ennen
kun sitä on olemassakaan
unelmista puhumattakaan.

15. Lumoutuu tanssista

Runo askelissasi kulkee
kertoo herkkää tarinaa
se sieluuni liikkeesi sulkee
hämmästyen tulkitsen tanssijaa
joka yli parketin liihottaa
käsivarsilla partnerin uskaltaa
ryhtiä, painoa kannattaa

Kuin satujen lumous,
kosketus, elämys, ihastus
se tanssista syntyy
tunnekuohussa yhä vaan yltyy
mieli hahmottaa kertomuksen
sydämeen tallentaa kokemuksen

16. Uuden tanssin aloitti

Liekutteli lanteitaan
tulisieluinen keski-ikäinen
akka hameenhelmat korvissa.

Röyhkeästi paljasti
paksut, lihakkaat reitensä
lattaritanssinsa lumossa.

Rytmikkäästi vatkasi
vatsamakkaroitaan kellutti
himokkaasti katsovien edessä.

Ja hymyili koko naamallaan
juopuneiden uroiden iloksi
tietäen heidän ajatuksensa rivoiksi.

Vaan nukkuessaan
nuokin kuolaavat kaljaveikot
olisivat suloisia lapsia.

Nainen tiesi sen ja
tanssin uuden aloitti.

17. Tanssitaan

Ajattelin tanssahdella
riemusta kanssasi kiljahdella
ottaa uusiksi humpan tahdit
hetkeksi unohtaa sahdin mahdit
ja valloittaa tanssiparketin

Vielä nousee kintut vaikka polkkaan
letkajenkan jälkeen sambaan
ehkä useampaan, tangoon, valssiin
lambadaan, sitten ajallaan
jäähylle ja sinut kotiin saattamaan

Hikeä kuivaan otsaltaan
kuin kuntoilija konsanaan
tuntee rasituksen pohkeissaan
tanssija moni kuitenkin innoissaan
odottaa jo iltaa seuraavaa

18. Hyväntahdon kamari

Kummallinen paikka tuo muisti
pieni hyväntahdon kamari
välillä ilkimyksiä täynnä

Jos oikein hyvä tuuri sattuu
se on kuin liukas tanssilattia
sikinsokin unohdettuja askeleita

Oikein syvällisesti kun miettii
saattaa huomaamatta kyykähtää
ja hämmästyksestä pyllähtää
nurinniskoin

Hieman hävettää

19. Kokemus

Niin kovin arvokas
on tuo vähäinen
kokemus
jonka edessä
tuntee olevansa
pieni
mutta suuresti kokenut

20. Vapaus

Kuinka heleä onkaan tunteeni
kuinka suurta sisäinen vapaus
näen lumoavaa päiväuntani
niityllä sinut, tanssiva unikkoni

21. Alasti

Kesäillan - valssi
tanssahdella voisi
syviyön - taika
aamuun asti soisi

uimasilla uitais
henkisesti alasti
niin yhtä oltais
rupateltais rattoisasti

22. Vapaa onnellinen

Villi hän on
ja vapaa, onnellinen
ei koskaan onneton

Rauhaton hän on
suurin sydäntemme ilo
aurinkomme hän on

Hämmästyen häntä katson
silmissä katse viaton
hymynsä vallaton

Kiharat tuulessa tanssivat
askeleet onnesta kepoisat
ja tanssi uskomaton

Pyörähtää malliksi
riemukkaan piruetin
ei koskaan onneton

23. Ikuinen lapsi

Leikkiä tahdon
olen sisältäni lapsi
kisailla ja piiripyöriä
tuntea vauhdin hurman
kuinka maailma sekoaa
katoaa ympäriltä
ja minä pyörin pyörteessä
kunnes jalkoihini sekoan

Hetken pyöröhumalaa
selvitän ja taas
uuteen piiriin yllytän
sinutkin polkan taitavan
vuosikymmenhumalaasi potevan
kanssasi leikkiä haluan
ikuinen lapsi olenhan

24. Runoikkuna

Kun taide kasvaa minuun,
olen yhtä kuin hiljaisuus,
  se minussa lepää,
ottaa armaaseen tykönsä,
  kuin pilvi, joka suutelee taivasta,
  kuin tähti, joka kimmeltää sen otsalla,
ja katsoo kuvajaistaan
peilityynen järven pinnalta,
niin levollinen on mieleni,
niin herkkiä sanat huulillani,
että toivon kaikkien ne löytävän,
  ikuisuuden runoikkunan

25. Minä tanssin

Minä tanssin
tanssaan ruusujeni kanssa
omassa puutarhassa,
vaahterapuun varjossa
hetken hiivin humpassa

Oi, ja sitte soi Lambada
sen tahdissa riennän niittulla
kahton rakkaita,

rakkaita ruusuja
punasta, rakkauvven punasta
valakosta, yksikertasta
vaalianpunasta kerrottua

keviöitä askelia tuvan nurkalla
ko tulijoita Ruusan kanssa
odotamme

vielä ehdin polulle ja tanssata
poloneesissa hetekaportin alle
vielä savusaunan eteen
sen portaille ja istahtaa porstualle
Ruusan kanssa verannalle

26. Ryystin elämää

Ryystin elämää
kuin mummo kahvia tassilta
väänsin makeita soundeja
hilipatapippaa oikein kunnolla
nautiskellen kuljin pitkin lavoja
kurkkupurkinkin keksin avata
ja siemaista etikkalientä sekä
pari mustaherukan lehteä
    maistuipa hyvälle

27. Kuulin

Katkaisin
hiljaisuuden
äänen, joka ei soinut
josta kuitenkin
erotin soinnut
melankolian
matavan
matalan äänen
basson kaiun
viimein saavutin
täyden hiljaisuuden

Kuva KH

Rakkaus

28. Lempo

Lempo lusikoi lempeä /
hullu herra hempeä /
kovana karju kipeä /
oottaa tulevaksi impeä /
saadaksensa lisää /
lempeä

29. Kaipaan

Kosketit.

Jätit jäljen.

Kun lähdit.

Kaipaan.

Kaipaan viisaita sanojasi.

30. Hän rakastaa

Hän. Hän on. Onnellinen.
Syleilee maata ja taivasta
riemukkaan rutistuksin.
Onnellinen. Hän on.
Hän, maata ja taivasta rakastaa.

31. Tuulen kuiskiessa

Vitsani väänsin
suloiseksi letiksi
kiharoillesi
auringon säteissä kimaltaville
laineille
laiturin kupeeseen
rakensin askelman
jotta voin veneeseen astua
ylös ja alas
kanssasi
tuhdolla istua
katsoa kauas aavalle
tuttuja rantoja
soudella
tuulen kuiskiessa
kiharoissa kultaa
kuin sydämessä
aina olet

32. Rakkaus syntyy

Käsiesi ulottuvilla
viipyy lämpö ihollani
tuntee
kihelmöivän kutsun
hiljaa viriävän tulen

Ei rakkaus tuluksilla syty
ei hiilloksen tähteillä
se syntyy
sydämen sykkeestä
intohimon kipinöistä

33. Muistan

Niin likellä itseäni
kauan mennyt viereltäni
ja yhä muistan suudelmasi
sormiesi kosketuksen hiuksillani
yön hellät hetket
piirsivät sateenkaaren taivaalleni
sen kirkkauden hohto ihollani
yhä kuumottaa muistojani
niin likellä olet itseäni
sinä mennyt maailmani

34. Kylän paras

Huuleni
herkät ihanat
täyteläiset
täyteläisen vanhan naisen
intohimon kyllästämät
pari, vasten toista
yllä hymyn kaarella
vastaparin varjo
valoa vasten

34. Kuiskaillen

Kuiskasit, kuiskasin
katsoimme hymyten
sormet sormissa kisaillen
ja väreet, lämpimät väreet
kehossamme kulkivat
kuiskasin, sinäkin

35. Ihastus

Puhdas ja kirkas
on ajatusten leikki
peuhupaikalla
puhtaat sahanpurut
pehmeät astella

Kisailimme kaksin
yhdessä iltaisin
nuoruuden huumassa
pituutta loikkimassa
alas pyllähdellen

Puruja pöksyissä
suurta riemua sydämessä
Amorin nuolen tähtäimessä
kaksi keskenkasvuista
juuri rakastumassa

Puhdas ja kirkas
oli nuorten taivas
puhtoiset ajatukset
peuhupaikalla pehmeät
sahanpurut

36. Voinko unohtaa

Sydämeni huusi
maisteli ja huusi
kuunteli lyöntejään
ymmällään
hengästyneenä
paikallaan
eikä aikaakaan
kun rauhoittui ja
verkkaan jatkoi vain
kun katosit
kulman taa
vaan voiko sitä unohtaa

37. Sinulle tarjolla

Kylmä on poskeni
pakkasen purema
rohtuneet huuleni
sinulle tarjolla

38. Saapui ilta

Hän katsoi
seisoi hiljaa ja katsoi
laiturilta
silmin kostein katsoi
saapui ilta
seisoi vaiti, hiljaa, verkkaan
katsoi, syntyi kuun silta

39. Et ole uni

Ihan pikkuisen vain
haluan koskettaa kättäsi
herkin sormin tuntea lämpösi
ja unohtua viereesi, hetkeksi.

Kuin uni, olet ihana
minä vailla estoja
syliisi syöksyisin
omasi olisin
jos voisin
toisin
kohdata ja
luoksesi saapua.

Pitelen kättäsi lämmintä
sydän täynnä suurta tunnetta.

Onko tämä rakkautta?

Et ole uni enää
olemme valveilla
kirkkaan tähtitaivaan alla.

40. Kysymys

Lempeys katsoo julmuutta
hämmästyneenä ja ymmällään
uskomatta kohtaamaansa.

Niin erilaisia ovat maailmat
joissa pyrkyryys runnoo heikompaa
tuntematta lainkaan tuskaa.

Mihin kohtaan saisin koskea
ymmärtävällä rakkaudella
ja arvostaa asioita, jotka yhdistää.

Mihin?

41. Riimejä

Riimejä rakkaudesta
kaikki tahtoo, tahtoo
jotkut saa
yksin elämänsä taivaltaa

Riimejä eroista
jotkut tahtoo, tahtoo
kaikki he saavat
koettaa yksin vaeltaa

Kaksin ois kivaa
niin luullaan
monilla onkin kaikki
aivan ihanaa

Kun erossa ollaan
kipu tunnetaan
yhteen kaivataan ja halutaan
uudestaan ja uudestaan

Ei meitä ole luotu
yksin kulkemaan
vaan toisin on
moni toteaa

Kuva TK

Ajatuksia

42. Taistelu

Ilkeys itkee kohtaloaan
kiltteydelle purkaa sydäntään
jäätävin sanoin murskaa sen
jälleen nauraa ilkkuen
kun piru kutsuu saatanaa
synonyymiksi haluaa ilkeydelle,
vihaa tahtoo voimistaa
viimeisenkin hyvän kampittaa

43. Viisas kissa

En osannut arvata
että kissakin ajattelee
tietää tarkasti tuloni
ennakoi jopa askeleeni
ajoissa - tai myöhään
silloin pyytää paikalle

Haluaa päästä aterialle

44. Miksei?

Viheliäisiä ovat runsaudessaan
ylitsevuotavat vihapuheet
ivaa uhkuvat
todet ja epätodet
jotka ovat syötti ja loukku
hiirenharmaudestaan irti pyrkiville
väärin perustein glooriaa hamuaville

Kunnian kruunu ja kukkaseppele
kestää hetken
sitten se lakastuu
kuivuu kasaan
unohtuu

Hiirenharmaiden armeija
nilkuttaa häpeän alttarille
ihmettelemään
miksei lopussa kiitos seiso

45. Ilkkui

Ilkkui illat pitkät
meikitöntä kiusasi
kunnes tuli itkut
valunut ei ripsi väri
silmät kovin vetisteli
mielen kiusaaja pahoitteli
sai siitä kyllä torut
vaan eivät loppuneet pilkkalorut

Ilkkui jälleen vääräleuka
kiusas yhtä ja toista onnetonta
vaan kävipä kiusaajalle huono tuuri
pirahti soimaan oma luuri
ja ruutuun ilmestyi oma naama
näki itsensä työssä kiusaajana
nousi häpeän puna poskiin
no niin....

tuli kiire, tuli hoppu
ja tarinalle pikainen loppu

46. Sanat

Sanoilla on kaiku
väliin kirkas, toisinaan vaisu
hetken hihku, ikuisesti raikas
kuin sinfonia sanat soivat
   balladina takovat
helkkyen mielen pieltä
kutittavat herkimpiä tuntoja
itkuksi asti,
   naurun lykkivät tieltä
kuiskien kertovat salaisuuksia
voimalla vallattomuuksia
raukeana rakkauden jälkeen
levolle käy
   levoton lause

47. Katson kohti

Kulkisinko ohitsesi
vieritse matkustaisin pois
vai jäisinkö tykösi
eikö niin parempi ois

Koskettaisivat sanasi
kuulteni lausuttuja olisi
ottaisin kaikki ne opiksi
etten uudelleen kompastuisi

Ei, en kulje ohitse
en pakene ohi, vieritse
katson kohti, silmiisi
kuin muita ei ikinä olisi

48. Muistot

Tunnetko
tunnetko kuinka muistot
kurkistavat mieleesi
tulevat liki kuin tuoksu
jonka joskus kohtasit
johon huumaannuit
vaikka vain hetkeksi
muistaaksesi sen
ikuisesti

49. Tietävät

Kyllä kaikki tietävät
ettei niin saisi sanoa

Sanovat kuitenkin
oikein päin
ja nurinperin

50. Arvelin

arvelin sinun ja minun olleen
olleen ja ajan ohitse menneen
menneen pois vuosia sitten
sitten kuin varkain kaikonneen
kaikonneen etäälle jopa muistoista
muistoista, joita ei enää ole
olet ymmälläsi, kun tiedän
tiedän pitkän yhteisen jakson
jakson täynnä seesteistä riemua
riemua kuin tyyntä iltaa ja aamua
aamua yhteiseksi koettua
koettua, mutta ohitse elettyä
elettyä, muistoihin piilotettua

Elämänkulku

Kuva KH

Eikö olekin merkittävää olla nyt siinä tilassa,
jota on ikänsä ihastellut.
On kuin katsoisi ryppyjen huipulta nuoruuden si-
leyteen ja ymmärtäisi
kuinka tuore elämä on kasvua varten, jotta jos-
kus urien synnyttyä ymmärtää
monet roolinsa, joihon on luotu.
Kokemus ja ymmärrys on elämän antama kiitos.

52. Kuuntelin sinua

Et kertonut satua
sitä jossa olet prinsessa
tai keiju perhosiipi ihana
et halunnut koreilla
leikkiä tai hienompi olla
olit vain tavallinen
tyttö torin laidalta

Kerroit tosi tarinan
kuinka heräät varhain aamulla
puet ylle mekkosi ja riennät arkityöhösi
olet lihan leikkaaja
naispuolinen lihamestari
tiedät kuinka leikkaa terävä
viiltää puukko syvältä

Kuuntelin sinua hieman ymmällä
hentoa naista läheltä
joka ei piilottele ammattiylpeyttä
ei säiky verisiä käsiä
jauhemaksan pursketta myllystä
rakastaa verilättyjä
kuin suojelisi omaa sydäntä
Haluan sua uudestaan ja
uudestaan kuunnella

53. Vahva oivallus

Minun huomiseni
tänään
on lumottu eilinen
täysillä eletty
kokemusten luominen
vahva oivallus, tuntemus
lumon syvä kosketus

Jokainen askellus
on ajankulun muistutus

54. Sallin itselleni

Onko mitätöity elämys
huonompi
kuin kenenkään huomaamatta
kokonaan koettu aito
se jota kadehditaan ja väheksytään
se jollaista kukaan ei muka voi kokea

Minä voin

ja sallin sen itselleni
sillä ajattelen toisin

Joskus mietin
miksi tahdotaan talloa jalkoihin
väheksynnän ja aliarvostuksen mutaan
kaikki sellaiset
jotka eivät kuulu tasapäistettyjen alistujien
joukkoon.
Mikä ylemmyyden herkku siinä piilee
että kuvittelee tietävänsä enemmän
vain asemansa vuoksi
kun on tottunut komentamaan.

Minä tiedän
ja sallin sen itselleni
etten ryhdy neuvomaan

Muistan hyvin, kuinka itsetietoisinkin murenee
kun aikansa mellastettuaan huomaa
joukkojensa kadonneen
ja huomaa
ehkä liian myöhään
sen itsekin

55. Kullannuppu

Helkkyvät ja välkkyvät
tiu'ut sekä kynttilät
ovat koolla tärkeimmät
läheiset ja ystävät

Tuoksuisessa keittiössä
nälkä laantuu lämpimässä
äidin poika koikkelehti
ojanpenkalta kotiin ehti

Puurolautasen tyhjensi
päälle röyhkeästi röyhtäisi
niin on tuttu tunnelma
pieni on tuo ongelma

Äiti katsoo kullannuppuaan
kovin on kasvanut vaipoistaan
äijäksi muuttunut muodoltaan
vaan on yhä rakkaista rakkain vaan

Kynttilä valuttaa steariinia
hiipuu hiljalleen sydän palava
lempeä on köksässä tunnelma
äiti ja köriläs hörppivät kahvia

Torttu ja pipari lautasella
niitä alkavat molemmat makustella
piimäkakkua jo poika silmäilee
äiti ymmärtäen ilmeilee

Kohta saapuvat muutkin sisarukset

56. Pienestä kasvaa

Suuri on ihmetyksen loputtomuus,
kun pienistä kasvaa paljon,
kokonainen elämä,
valon askelmerkit ja heijastus,

mikään ei muutu ja
    alati muuttuu tutummaksi

onko siis ihme
etten saa katsettani irti sanoistasi,
ne leijuvat kuin usva unieni yllä ja
kuulen äänettömän tulevan kohti
astuvan syvään hyväksyvään
    jossakin odottaa lohtu

purjeet olivat joskus valkoiset
valtoimenaan matkani jatkui
elämä huuhteli sisääni kokemuksen
uroteot, hullaannukset, pettymykset
veivät äärestä toiseen, riekaloivat
ristiretket, pakottivat harmauteensa
    päättyi uljuuden retki

57. Ehdin enemmän

Oon kuin oltava on
energinen, pirteä ja joutuisa

Ehdin enemmän kuin vähän
kiire, hoppu seuraa mukanani

Hikeäkin pukkaa vähän, tähän
otsaluun, herkkään hipiään

Suihkunraikas en sentään ole
sehän on laiskain hommaa

Osaamisesta mut tunnetaan
hosumisesta oikein ja kohdallaan

Anteeksi vaan, kaikki aikanaan
kiitosta jaksan odottaa

Hip hurraa
hidasta taitaa harmittaa

58. Muuttajat

Tulevat
he kaukaa saapuvat
majoillensa asettuvat
majoittuen huoneisiinsa
muistikuvat entisestä
mukana perimänsä
tavat, luvat, uskomukset
taikuutensa lumo
salaperäisyyden verho
sointuu musiikissa
rytmin teho
liikekielen taituruus

He tulevat kaukaa
meitä lähelle

59. Narrin rooli

Surkuhupaisaa iloa
sirkustemppuja noloja
on pellen asussa kompastella
hyväksynnän jonossa

Muikea ilme kasvoilla
kyynel silmäkulmassa
vaikka ei aito, maalattuna
sillä on symbolinen vaikutelma

Hukkuu suuriin vaatteisiin
sekoaa housujen henkseliin
ja kengän nauhoihin solmuisiin
aina kompastua sallittiin

Narrin on leima otsassa
ei sitä hevin pois pyyhitä

60. Sinut tunnen

Sinut minä ymmärrän
sinut tutuksi tunnistan
kun peliin katson ja
silmäni ummistan
tunnen tuoksun
tunnen katseen
ja avaudun
itselleni sulkeudun
hetkiksi, tuokioiksi
niistä saan lohdun
syttyy mun lyhty
pienesti ensin
ja löydän valon
kuulen ja aistin
sanoiksi purkaudun

Runoni kirjoitan

61. Tyhjät sivut

Elämästä irti revityt
sivut ilman sisältöä
kaikki pois pyyhitty
mielen lokeroiden tyhjä

Sinulle oli kerran paikka
varattuna rinnallani
olitkin hetken, poistui
arvoitus ja ongelmani

Ehdin kirjoittaa korulauseet
valaa suuria toivekuvia
vaan kävi kuin kipsi murtuu
pölyksi muuttui unelmani

Tyhjät sivut
jäivät jäljelle
niin helposti
kaikki katosi

62. Peilissä

Itsekutoinen turpavärkki sängellä
veltostuneet poskilihakset ja leuka
kaulaan asti, rintakarvoja vain muutama
yksinäinen harmaa katse, valopilkku
heijastuu ikkunasta, lakkaan tuijottamasta
hiuspehkoa kadonnutta alan kuvitella,
laineita korvilla, otsalla kiehkura, hurmaa
mennyttä maailma, entistä on ikävä
vaan turhaan, sitä, etsin peilistä kuitenkin
muistan vuodet, jolloin oli tyylikästä
käyttää Suavea ja tukka otsaan liimata

Nyt saat nauraa, hymyillä,
sinä siellä, peilissä!

63. Vähin äänin vartuin

Mietin meitä
enemmän kuin mitään
itseäni mietin
kuinka kasvoin vuodet
ensin pituutta, luita ja lihaa
sitten vuosia
opintiellä, kirjoitin ja laskin
tuntematta rakkautta tahi vihaa
aikuiseksi vähin äänin vartuin
kotinurkkiin turvauduin
kunnes tuli lähtöni aika
jonnekin tuntemattomaan silloin
tuttu on nyt
ajat monet seesteisenä pysynyt
pesäpuu, koti,
olen tähän kiintynyt

64. Koulumuisto

Kumarrukset koulussa muistan
ja sitten kuului saappaan lätsähdys
kun jalat kohtasivat toisensa
tytöt niiasi, esiliinan helmat koskettivat
maalattua lattiaa ja lettinauhat
olivat monilla punaiset

Istuimme pulpetissa ekalla luokalla
vielä toisellakin samalla penkillä
ja tuijotimme reikää pöydän kannessa
ei ollut vielä riittävästi taitoa
että olisimme saaneet mustepulloja
sitten seuraavana vuonna

Ruutuvihkoon laskettiin laskuja
ja kirjoitusvihossa oli ohuita viivoja
joiden väliin opeteltiin kaunokirjoitusta
tehtiin hienoja koukeroisia kirjaimia
mustekynän varsiin upotetuilla terillä
kuivattiin imupaperilla

Oi aikaa suloista
kehitettiin kädentaitoja

65. Köyhyys

Saatteeksi leivän
ei hetkin ollut voita lain
tyhjä oli myös viljalaari
kannussakin tilkka maitoa vain

köyhän perheen rikkaus
arjen ja pyhän rakkaus
oli lypsylehmä maidokas
jolta hengen pitimiksi
niukasti maitoa tovin riitti

talven kylmiin pakkasiin
lämpöä toisistamme haettiin
siskonpeti lattialle laitettiin
yhteisvuoteeksi kamariin
siinä sitten vanupeiton alla nukuttiin

Ei notkunut pöytä herkkuja
leipä oli kotona tehtyä
kovia kannikoita puuroksi
puolukkasurvosta seuraksi
kelpasi ateriaksi

66. Raavainkin uros

Aikansa harjoittelee
kaljoittelee, viinaksia maistelee
krapulaa vastaan taistelee
hyvästä olosta surkee tulee
kun raavainkin uros oksentelee
toteaa, ei hyvin mee
kunnes taas alusta alkaa kierre
maistuu kalja, mallas, sahtivierre
ryyppääminen, alku päänsärylle
ja syy monelle itsesääliselle
manailulle ja surkeilulle
ei koskaan enää, tokaisulle

67. Uusi sukupolvi

Tuolla kasvaa
uusi sukupolvi
raivaa tilaa itselleen
versoo, muotoutuu
tahtoo isota
täyttää tilansa, aikansa
ja lopulta kadota
muuttuu
tuntee arvonsa
uuden kasvun alkuna
ravintona elämän ketjussa

Ikuisuuden himmelissä
historiassa
on tila kaikille

68. Kohti ei mitään

Niin moneen piti ehtiä
kiire mielessä ja kantapäissä
rakkoja,
kuin leviä rannalla
vihreänruskeaa kateutta
paossa joka päivä
kuitenkin kaivaten tietämättä
alitajuista hetkeä vain olla
vain olla
ja pohtia ilman ajatusta, uida
ajatusten virrassa, kellua kohti
ei mitään
onko muulla merkitystä

69. Elämän pyykkinaru

Vielä hetken uinun povellasi
päivyt suloinen kumppanini
tovin tuudin kanssas unelmia
haaveita toiveiksi ripustan

Elämän pyykkinarulla
roikkuvat kokemuksen vuodet
pelmaavat tahtojen tuulissa
pyörteissä ilmoille nousevat

Sisäistä tahtoa kuuluttavat
nousevat, laskevat, kertovat
tarinaa iänikuista, loputonta
mistä syntyi luomakunta

Henkinen kanttisi punnitaan
koetellaan heikkouden ovet
vahvoille kunnia tarjotaan
harvoille odotettu voitto

70. Tatuoivat tahtonsa

Löivät sinuun
kipunsa raidat,
piirsivät punaisella arvet,
tuskan paikat,
joista itku heltiää
ja kastelee nuoruuden posket

Ottivat sinusta mittaa
omiin tarkoituksiinsa,
kun eivät enää muista,
miltä tuntuu itku,
kun kyyneleet kuivuvat
ja uria ihoon kyntävät

Sinä nauroit
vaikka ensin hymyilit
ja pelkäsit iskuja,
joista syntyy arpia,
alistuit
ja he tatuoivat sinuun tahtonsa
uudet punaiset haavat arpensa

71. Mystinen mies

Mystinen katse, mies
valossa tuiki tavallinen
herkkuperse, sohvaperuna
ranskalaisten lumoissa
liikakilojensa kiroissa
kelluvat rasvamakkarat

Korpien kulkija kaupungissa
metsässä enää ajatuksissa

Taikuutta sanoissa lausahtaa
vertaa sutta, koiraa ja kalkkunaa
toisiinsa rinnastaa, kauraa ja talkkunaa
makuja suorastaan karsastaa
pitää olla kunnon silavaa

Makujen taikaa hän arvostaa
Viherpiperrystä vierastaa

Ajanvirta

Kuva MP

72. Ohi

Vuodet mennä viuhahti
kuin naapurin akka
avantoon

73. Ajatuksissa...

Kultaiset vuodet
naama ja raajat ryppyiset
jäljellä vielä
sydän ja romantiikan hippuset
haaveilevat rakkaansa nähdä
silmät kaihiset

ajatuksissasi
urheasti juoksuun pinkaiset
vaikka kulkuasi rajoittavat
nivelet reumaiset
maltilla on sijansa
vanhalla
hopeaa jo hiuksissa

Jäljellä enää silmät kaihiset
ajatuksissa nivelet reumaiset

74. Muistot

Yksi etana
hidastus asvaltilla
menossa kuin eilinen
pois nukutettu
vauvan kehto
jäljellä vain muistot
vaaleanpunaiset potkuhousut
pienessä lasten tuolissa
kulunut maalipinta
hilseilee sekin eilistä
nyt jo viileän etäistä
itkujen kostuttamaa kuivaa
kuivaksi pyyhittyä
ei enää tarvita
hitaat ovat liikkeet
muistikuvatkin kaukana

75. Yhdessä

Onko vuosilla niin väliä
ne ovat parhaita aina kun on hyvä ystävä
etäällä tai lähellä

Niin kuluu aika yhdessä
myös vaikka välissä ois kilometrejä
kertyvät muistot ja elämä

Tietoisuus viipyy ajatuksissa
vielä silloinkin, kun pysyy hopea hiuksissa
on kultaa sydämessä

76. Harmaiden kulmien alta

Kohtasin vanhuuden
ohi ajaneen ajan jäänteen
onnellisena
omassa maailmassaan

Reuman runtelemat nivelet
koppuraiset sormet
vielä valmiit
tervehtimään

Kokemusten merkitsemät kasvot
harmaiden kulmien alla katse
näkee syvälle
menneisyyteen

....mutta hymy on yhä tässä

77. Iän merkit

Löysää. Nahkaa. Kurttuja.
Kaulassa heltat kuin kukolla.

Poimujen alla vuosia
sileää, kaunista, ihoa
keväistä lämpöä tunteva
kovin on viluinen ja viileä.

Eno veneessä,
on ollut kalastamassa
tuhdolla ämpärillinen muikkuja
joiden kupeissa hohtaa hopea.

Nyplää tylpin sormin kaulaansa
mutkille taipuu ikäihonsa
kuin etsisi suuntaansa
vaikka silmänsä olis ummessa
löytyy laituri, kotisatama

78. Vuotten paino

Tykkylumen tavoin
painaa murhe hartioita
kumarruttaa kulkuni
hämmästyttää ohi kulkijoita
kun itkuisin silmin
kaipaan pois nukkuneita
sytytän haudoille kynttilöitä
ja kesäksi istutan penkkiin
ryhmän orvokeista

Vuotteni paino
ei vielä ole suuren suuri
mutta ikävä ja kaipaus
tulivat taakkoina sieluuni

Hymyjä ja sanoja muistan
ilon hetkiä, riemuja runsaita
taakkaani kevennän hartioilta
jatkan elämää ilman teitä
vaan muistoja rakkaita
en pois heitä

79. Kylläinen keski-ikä

Elämän sillalla
keskikohdalla
on pieni pelon potero
säikähdyksen paikka
pelästys kertyneistä vuosista
jotka vallan mainiosti
voisi kohdata riemulla

Ei voi
ei perhana voi
kun matka on kääntynyt
jo iltapuolelle

Ajattele mikä ihanuus
on unohtaa nuoren angstisuus
elää kylläistä keski-ikää
ja ennen pitkää tulla ikään
jossa ei kahlitse mikään

Toki päikkärit on pakko ottaa

80. Vitsi kauhea

Velmua vehkeilyä veijarilla
joutavan aikaista rehvastelua
jopa kiusanteoksi saakka.

Vaan väkisin ei vitsi lennä
eikä kasku kuljeta.
Mietti irvileuka seuraavaa siirtoa.

Kaivoi kännykän esille,
kaivoi taskumatinkin,
avasi korkin kädessään puhelin
ai niin, ei puhelin, mutta
kännykkä kumminkin, jatkoi
litkimällä laihaa viinaa
kirosi
jälkeen kieleen puraisun
otti ensin
yhden siemaisun
ei pitkittänyt piinaa
joi koko pullollisen

Oisko vitsin tynkää, kysäisen.
Ei nyt, mutta huomenna
luulen, on vitsinomainen
kauhea kankkunen

81. Apeus kellistä

Surun keskellä kelluu alakulo
hiljaisen vaativana vahtaa
mikä on milloinkin olo
ja onko odotettavissa parempaa

Varoittaa

Ilo kiikkuu alakulon lipalla
virnistelee vakavaa, uskaltaa
kaikki kyseenalaistaa
ei murjoteta viikkotolkulla

Innostaa

Nosta perse penkistä
reippaasti apeus kellistä
siitä syntyy kevyet askeleet
unohtuu tylsät virikkeet

82. Matka kotiportille

Käyn matkaan
käyn juurillein
istun tuulen nokkaan
leikin lintusein
että siivet kantaa.

Vielä on paljon matkaa
istua ja odottaa
kiirehtää tahtomattaan
ajatukset juoksuttaa
kotioven taa.

Juna kulkee kohti asemaa
vaihteissa jarruttaa
tutut maisemat katsovat tulijaa
tuo tuoksuja tuuli mukanaan
silmänsä matkaaja ummistaa.

Olisi kohta kotiportillaan.

83. Levon keskeytys

Monta päivää meni, meni
viereen nukkumaan
yö kun joutui, joutui valvomaan
aamu kurkki ikkunastaan
päivän tullessaan toi, toi valon
sammunut käänsi katkaisijaa
monta päivää tuli, tuli ja meni
hyljätty olo ja yksinäisyys
kun puhelin soi, soi vaatien
kesken unen, keskeytti levon

84. Dementia hiipii

Vein sinulta muistot
jotakin kuitenkin jätin
en rakkauttasi irti saanut
kun tarrasit minuun
sanoillasi, kuorrutit
kuin hääkakun ruusuilla
ja tunnen itseni varkaaksi
jota oli odotettu
tietämättä mitä odottaa
silmänräpäys onnea
sen pystyin tarjoamaan ja
vuosien piinan kirpeyden
vaihtuneena tuttuudeksi
joka toistuu vain kohdatessa

Katsot syvälle silmiin
rahtusen ajan
unohdus tulee taas pian

85. Kultaiset vuodet

Kultaiset vuodet
naama ja raajat ryppyiset
jäljellä vielä
sydän ja romantiikan hippuset
haaveilet rakkaasi nähdä
silmät kaihiset

ajatuksissasi
urheasti juoksuun pinkaiset
vaikka kulkuasi rajoittavat
nivelet reumaiset
maltilla on sijansa
vanhalla hopeaa jo hiuksissa

Jäljellä vielä silmät kaihiset
ajatuksissasi nivelet reumaiset

Luonnon syli

Kuva LP

86. Suolaiset huulet

Lohkareen kupeeseen
pesi pienten yhdyskunta
    kimaltavia, jään hunnuttamia
kivettyneitä kokkareita
    hiekanjyvien hiottuja otsia
        jääkukkien lumoavia kiteitä

Meren suolaiset huulet
huultavat, huuhtovat ajan ohimoita
    kaikkialla lepää raukea hiljaisuus
kuun kierron taskusta sinkoutuu tähtisade
yöavaruuden syvään sinisyyteen
    ja meri huokaa
kun jään reuna ripsuen
kalisuttaa valkeaa helmirypästä
kaislojen varsissa
    lohkareen kupeessa
hiekkamöykyt kylpevät vedessä
hämyisessä kuun valossa
yö soutaa kohti aamun purtta

Minä tulin
tulin liki ja lähelläsi
painoin huurteiset kylkeni kylkiisi
 tunsin läheisyytesi
 tunsin kadonneen lämpösi
joka oli vajunut vedestä jääksi
kelluvaksi hyhmäksi tunneliin,
reitille,
 jota nyt yhdessä kellutaan

Tulin liki
lähellesi

88. Kuoriaisten kodit

Elämäni.
Hiljaa hetkiinsä murenee.

Lepään sinua varten.
Katso kuinka valo rungollani leikkii,
kutsuu oksilleni lumouksen
hapertuvan kauneuden

Joskus olin vahva
kovapintainen
nyt pehmyt, onnellinen
koti monen kuoriaisen

Näitä minä metsäpoluillani ihailen
ajatellen, aikaa,
luonnonkulun tarkoitusta

89. Itkisinkö

Itkisinkö kuten taivas itkee
vuolaasti hiljaista virtaa vasten
pienin ja suurin pisaroin
läikkyen joen rantaa pitkin

Itkisinkö purot joiksi
vuolaat virrat leveämmäksi
järvien seliksi vuotaviksi
matkaan merta kohti

Itkisinkö usvan sakean
ylle veden makean
yltämään soille ja pelloille
kurkottamaan vuorille asti

Itkisinkö nyyhkien kyynelten paljon
pyyhkisinkö silmieni edestä varjon
lipuisin selillä saarten ohi
kunne näkyisi ranta ja koti

90. Sumuinen aamu

Näin sinut sumuinen aamu
harmaa huntu ylläsi
piilottelit peltoaukean yllä
viivytellen kirkkauttasi
auringon nousua ja näkyä
peltojen ojia pajunkissoja pivossasi
leskenlehtien keltaista uhoa
tien pientareella kevään riemussa

91. Lakeus

Katsoo korkealta lakeutta
hiljaisuuden tyvenessä lepäävää
viljavainioiden loputonta aavaa
lämmin kesätuuli huuhtelee
keltaista tähkäpäiden merta
aaltoilevaa elovainioiden tannerta
muhevan mullan maata
jalkojensa juuresta nousee kiuru
korkeuksissa laulaa kasvun kunniaa

92. Hellästi hyväilee sammal

Hellästi hyväilee sammal
lahjoittaa kostean kosketuksen
jota olin vailla, jota odotin
kun sinua en nähnyt, tuntenut

Vaiti on vihreä matto
yllänsä tummien oksien varjo
oksien välitse siilautuva valo
raukea hiljaisuuden rauha

Pehmeää, kainosti lumoavaa
on pintaasi koskettaa, paljain
uupunut ihokin herää, voimaansa
kerää tyyneyden hyvää

93. Kylmyydessä

Viluiseksi kävi olo
kylmä puistatteli
hytisivät poskilihakset
    kiristyivät hammasrivit
toinen toistaan vasten
kun koko keho tärisi
hyisen tuulen syleilyssä
katosi lempeä lämmin
    kylmä taloksi asettui
hiipi pakkanen maisemaan
    piirteli kuurankukkia akkunaan
lasitaidetta kauneinta
vaan vilu viipyili kehossa
    kylmäsi arkoja kupeita
puusylystä kannan tupaan
Puhurin hehkulla pieksän
lämmöllä kauaksi karkoitan
    ja huopaan kehoni käärin
    nautin mielin määrin
liekkien loimosta takassa
lampaantaljasta pakaroiden alla
jääkukkien herkistä kuvista verannalla

94. Soita

Soita, soita, soita
vettyneitä ja soivia
ovat suomalaisten maisemat
soita toisensa perään
ikävä jos kukaan ei soita
kuten sulle soiton soisin
kanssasi jos olla voisin
mieluusti ilakoisin
siis soita kulkien soita
meille yhteisiä melodioita

95. Ruusuiset polkusi

Leikkien liimautuvat muistoni
sinuun, jota suuresti ihailen,
kun hullaannus iski
pesi puhtoiseksi kaikesta muusta

kerään ehkä kiiltokuviksi petosta
mutt' en siitä perusta
kun polkusi näyttävät niin ruusuisilta
sua mietin, sua kaipaan, joka ilta

vihloo ikävä herkkää mieltä
repii riekaleiksi jäätyneet tunteet
joita piilotin, joita varjelin, ja tiesin
että aikansa suloutta kestää

Vuodenkierto

Kuva TK

96. Nöyrät

Talvea kumartavat
oksat norjat notkeat
lumitaakan alla
maahan asti taipuvat
hankea suutelevat
öisin tähtiin, tuijottavat
päiviin valoisiin
kidekääröinä kimaltavat
pullistuvat urvut upeat

97. Unessa lumihiutaleet

Katson sinua hyväillen
siroa, hentoa oksiesi linjaa
tuijotan kuvaasi
hiljaa kuin aika
virtaa vesi ohitsesi
piirtää kuvajaistasi
muistoja sydämeeni
ohi tumman, sulan
ohi vaalean, jäisen
pyörteet kietovat etiäisen
unessa lumihiutaleet leijjaa

98. Vei syksyä syvemmälle

Ripsautti märkää märälle
maalasi leveästi hönkäisten tuuli
viiletti pisaroiden mukana tanssiin
kylmetti kuuman kyytiinsä
vei syksyä syvemmälle
kesästä pois, kauemmaksi
värikylpyjään tarjoaa ruska

99. Vuodenkierto

Kesä kaivaten katsoo kauas
kevät kaivattua kesäänsä
odottaa syys jo vuoroaan
ruskaa talveen piilottaa
vuoden kierto
seuraavaa pian aloittaa

100. Vasta ja vasta

Voipuneena loion penkereellä
ojanvarren heinikossa
heinänuhaa poden, aivastan
aasinsiltaa rakennan
kysyn
- Mitä toit
itse vastaan hämmästellen
- Ai vastan, ja aivastan

101. Kelluvat keltaiset

Vieläkin astun kevääseen
vaikka syksy värejään piirtää
vielä tunnen tuulen lempeyden
kun nojaan koivuni tyveen

Sen mahla jäi kevääseen
lehtien kasvu kesään menneeseen
nyt syksyn tullen oksat lehdistään luopuu
varistaa ne rannan veteen

Kelluvat keltaiset lehtiveneet
kuin kultaiset kesäpäivät menneet
saapuu syksy ja ruskan taika

102. Vielä on

Vielä on aikaa
taikaa
elokuisten päivien
ennen syksyistä ruskaa
pimeän tuskaa
yötä mustaa

Vielä on päiviä
suloisia, lämpimiä
elovainioita kulkien
pulahda lämpimään veteen
katsomaan kun nuotion teen
hehkumaan telttani eteen

Vielä on hehkua
runsautta luonnossa
marjoja pihlajassa
voi käyskellä vehreitä polkuja
katsella ikipuita, keloja
kuunnella harakan naurua

103. Mietin taas

Syys tuli tuomisin
kantoi sadon kotihin
pihapuut täyttyivät omenin
ryhdyin sadon korjuihin

Rivit kukkapenkkien
kirjassa rivit lapsuusmuistelojen
minä muistan, mitä muistan
muistiin tallensin, viimeinkin

Nyt on mulla tölkkien rivi
säilöttynä rouskut, lampaankääpä
omenahilloa monta purkkia
tilasin talveksi villasukkia

Oi näitä muistoja
muistojen perkuumaata
aina vain lisää kertyy
enhän kaikkea muistaa saata

Pimeä hiipuu porstuasta tupaan
maantie on hiljainen, ei liiku kukaan
mietin taas lauseita tarinaan
pian uusia kirjoitetaan

104. Suhisevat oksat

Suhisevat oksat
tuulen puuskissa, puskissa
lehdet havisevat, varisevat
keltaiset ja kuivat

Varpujen keskellä, kesällä
irtolehtiä ja sieniä, seiniä
pitkin kiipeää köynnös, kynnös
peltoa avaa, koristaa

Puna-apilat kukkivat, kurkkivat
maamyyrät koloista, oloista
pimeissä käytävissä, käytävä
on satoa korjaamaan

Pihlaja pellon laidalla, kaidalla
tiellä parvi naakkoja, taakkoja
kantavat nyt traktorit, torit
harvoin enää kauppapaikkoja

Ojassa osmankäämit kasvavat, vavat
käsissä pikkupojat onkivat, kivat
tuokionsa viihtyvät reunalla, alla
ämpärissä vettä ja kala

105. Kesä

Tulit

sinut sain kaverikseni
suven suloinen lämpö
raikas tuuli mukanasi

lipuu ohi
    kuin purjeveneet
kohti rantaa, rantaani
    tulevat tykö

tule laituriini
    kesä

106. Liukas

Jäinenhän se tie on
jäinen ja liukas
lumen alla piilossa
kiitorata valmiina
kupsahdus kivulias
väijyy varomatonta
muutama mustelma, ehkä
pirullinen murtuma
talvi edessä ankea

107. Kuutamossa

Kuun valo
tammikuisin öin

kuusten alustat varjoin kuvioi
piirtää kajoa hämyiseen
hangen pintaan
koristelee tummat varjot
askelluksen jänönkin
lumikitein, tähtösin
tavoittaa oksien huurreparrat
kipuaa verkkaan runkoa pitkin

kuun valo tammikuisin öin

108. Tulevan pelko

Erkanevat yhdessä olleet
loitoten vieraiden virtojen matkaan
kuulevat viestejä soillaan kurjet
pihoilla hautovat rastaat
kun saapuu tuo kirottu tuomion hetki
pois riistäen onnen parhaan
käy monella raskaaksi askel
tarpoa tuntemattomaan
astella mieron matkaan
eivät kysy julmimmat lupaa
kun uhrejaan taisteluun jakaa
moni rauhan kyyhkyjä kaipaa
hetkeä, rauhaa, ihmisyydelle aikaa

109. Sulle suloisin

Pitsiin teidät kiedoin
oksat, urvut, huurre hienoin
valon vuoksi kimalsin
lumitähdin tuhansin

Katseesi kun vangitsin
olin sulle suloisin
sinuun täysin hullaannuin
huurrepukuun pukeuduin

Hauras on sun olemus
kuin sadun herkkä vaikutus
sydämien valloitus
talven lumo, leuto tuulahdus

110. Alku monille toiveille

Kuulas aamun taivas
pilvin lempein katettu
valonkajo huulillansa
hymyää viekas horisontti

Lupauksin suurin alkaa päivä
kurkottaa toivein ikkunaan
kuvajaistaan vaiti katsoo
tahtoo ulos kuulemaan

Joutsenten parvi saapui juuri
niiden myötä lauha tuuli
rantoja vesien sulattaa
linnuille tilaa vapauttaa

Vielä viipyvät nuoskaiset kinokset
vettyen hiljalleen pois sulavat
tekevät tilaa uudelle kasvulle
kevät on alku monille toiveille

111. Lumoudun, ihailen

Sadustasi lumoudun
unohdun katsomaan korkealle
pilvien alle
pois lentävät jo muuttolinnut

Tarinaasi kuuntelen
katseellani korkeuksia suutelen
näyttää kauniimmalle
pilvenreunoissa hopeareunukset

Ajatuksiasi arvailen
katselen silmiesi peiliin
kirkkautta ihailen
niissä viipyvät hetket

112. Tahdon kuulla

Tämä satu on todellisuutta
nämä valot ja varjot, kuvajaisetkin
tulevat myöhään, syksyn kynnyksellä, lämmintä
minä tahdon kokea, nähdä ja kuulla hiljaa
mitä olotila sanoo, supattaa
ajatuksia kuljettaa, pitkin selkiä
värikylläisiä veden reunoja, takaisin
pyöräni renkailla hohde, viime säteet lasissa
juoman pinnalla väreet, pisarat
vasten iltataivasta

Olen yksin, kaikki kanssani, katsovat iltaani

113. Raukeimmat hetkeni

Piirsit taivaalleni kannen
uupumuksen sinisen alttarin
levätä väsyneimmän hetken
tuonenkukkia täyden sylin

Kun saapui ilta
sytytit avaruuden tähtilamput
niitä saan ihmetellä
tutkia vilkkuvia kaukaisuudessa

Siivosit yötaivaalta tähtipölyt
näytit riemukkaat revontulet
soihtuineen ne valtasivat
avaruuden kaikki sopukat

Raukeimmat hetkeni sieluni lepäsi
sai voimaa jatkaa aamuun
ja kukkiani vaalien hoivata
odottamaan, kunnes taas saavun

114. Jäät

Repeää railo
rivakasti parkaisee
kuin raivo, kun
lämpö kylmää karkaisee

Halkeaa jääkansi
murtuu murskaksi rannoille
raikaa kaikuna vaaroille
on tulva uhka rohkelikolle

Pato ryskäin nostaa jäät korkealle
vesimassat syöksyvät niiden alle
tulvii vuolaana äskeinen vangittu virta
riekkuen telit kieppuvat koskissa

115. Riemukasta kiitoa

Apuri puhuri
kestohangella huhusi
kevättä tulleeksi odotti
tervetulleeksi toivotti
kaikki suksille ehtineet
teki pottusäkistä purjeet
ja tuulen alle riensivät
puhurissa yli peltojen kiisivät

Oi armasta kevättä
kermanvalkoista hankea
ja riemukasta kiitoa
kohti kaukaisuutta

116. Unessa

Lensin sua kohti
liisin siivilläni
riemu kupli sisälläni

OI

miten kyvyt olin
leijuessani peltojen yllä
kuin hiirihaukka raukka

OLIN

saalista vailla
sukkela syöksyjä suuntasin
kohti kirkon tornia

OLIT

pieni ja ihana
vailla pelkoja
kerroit minulle tarinan

OPIN

osan satua
kunnes oli aika
herätä

OLI

kiva lentää
luoksesi leijua
ei hiirtä pelota

117. Yhden kesän syksy

Voinko yhden kesän
olla syksy
lakastua
kuihtua
kuin kaunein ruska
joka hehkuu hetken
joka solulla
kulkijan omalla polulla
rutistunut lehti
pois heitetty
lumoonsa särjetty
sydämen tietty
lemmitty
yhden kesän syksy

118. Saavuin tuulena

Saavuin tuulena tunturista
helppona haikuna hyinen halla
huurtamaan kelomajan akkunoita
pisaroita ruosteisilla saranoilla

uitan unelmajonoa ajatusten asemalle
kiipeän, kipuan korkeammalle
harmaaksi harsoksi kynttiläkuusten latvojen ylle
sateenraskaille naavaisille oksille

Kylmän kutsu edellä kiirii
sumuverhojaan rotkoista esille käärii
nostaa kurusta harmajan seinän
eteensä odottamaan nousua päivän

Liuskekivet jalkain alla
murtuneet ajan kulussa astumalla
kiipiessä historian haasteisia rappuja
jälkensä jättivät pintaan uurtamalla

119. Tanssivat puut pimeässä

On nyt
suurenmoinen havainto

nyt

valo hiipuu iltaa kohti
ja tummuus saapuu
hämärän jälkeen umpimusta
jonka yllä keikkuu puolikuu

askelteni tahtiin

pilviverhojen taitoksissa
tanssivat myös puut

pimeässä

pieni valonkajo latvuksissa

120. Erilainen samanlainen

Syyskuussa minä paljastun
jätän lehväni ja lepään
olen laiha runko seinälläsi
jään odottamaan pehmeitä hankia
ja jokainen päivä tahtoisin
että näkisit minut
jokainen päivä, jona valo tulee
tulen minäkin

Sydämeesi jätin jäljen, kosketin
tullakseni uudelleen, tehdäkseni
uuden jäljen, lähes aina saman
erilaisen

121. Kannon nokkaan

Kurkien tanssi
ohi kevään
syksyyn lähtö ja jäähyväiset
täällä odotan
tulevaksi jälleen
talven jälkeen keväällä
kurjet auroissaan
pelloille, soille, korpimaille
käyn istumaan
kannon nokkaan
laulua kuuntelemaan

Ohi kevään
täällä odotan

Talven jälkeen keväällä
käyn istumaan
kannon nokkaan

122. Ikiaikainen

Askelissani,
sammalten pehmeys
　　　　　aivoissani,
kevyen kevyt,
　　　　　lempeys
täyttää sydämeni,
　　　　　rakkaus,
halipuuta kaipaan,
　　　　　kohtaan,
otan syliin
pidellessä kädestä,
katson luontoa
　　　　　sen antimia,
notkuvia varpuja,
suolla mättäitä,
rahkasammalten piiloja,
hikikarpalot lymyävät,
　　　　　löydän onneni
　　　　　hiljaisuuden
ikiaikaisen tarinan

123. Kesätuuli nuuhkii

Kuuntele
kesätuuli nuuhkii ihoasi
maistelee hiuskiehkuroitasi
ja kutittelee paljasta ihoasi.

Hiekanjyvät etsiytyvät tykösi
kuin eilisen lapsi olisit.

Tiedät,
miltä maistuu rakkauden täysi
ja tyhjyys, jos sitä ei olisi.

Kirpeä on kaipauksen kosketus
ikävä ilman sanoja
katsella kesäkukkia
pienen kiven juurella.

Kuitenkin yhä
hellästi koskettaa elämä.

124. Ihailen luontoa

Aina äärelle saavun
ääreensä pysähdyn
ihmettä kummastelen
suurta pienuutta
luonnon omaa taidetta
   naavaa kuusen oksilla
   torvisientä sammalikossa
   lepän urpuja tuulessa
   jääpuikkoja räystäissä
   vettä lähteessä
tuohilippoa telineessä
äärellä seison, katson
kuvajaistani lähteessä
hopeaisia oksia veden syvyydessä

125. Vieras vielä

Kävelin kauas
yli tunturin, etäälle
kurun reunalle, pois
alas vievää polkua astelin
kuin vieras vielä
kunnes askel löysi
uuden rytmin

126. Tämäkin päivä

Eilisen kupeesta nousi
tämäkin päivä
vielä aluillaan oleva
odottaa auringon nousua
olen hereillä
ajattelen kirvestä
kaadettujen pihapuiden oksia
ja niiden pilkkomista
ulkona jo runsaasti valoa
heränneiden lintujen laulua
peipolla tuttu koivunsa
mustarastaalla omansa
orava viihtyy lintulaudalla
pähkinäaamiaisella
tämä runo vielä
pian olen ulkona
viimeistään seitsemältä

127. Saavut muistoissa

Kaukaa tulivat sateet
myrskyn selässä ratsastivat
kastelivat, porstuat ja verannat
ja laukaten matkaa jatkoivat

Pihanurmen viheriöllä
ei hetken köllötellä

Pihatielle kastemadot nousivat
tarkistamaan kosteutta halusivat
pitkiksi pitkiksi venyivät
kuin humalanvarret lyhyimmät

Päivä kuivi sadeveden
maa imi sen kosteuden

Pelmahtivat nurmelle perhoset
voikukissa ja varsilla kisailivat
paikalle oitis riensivät
mehiläiset mettä keräilevät

Onnenhetket leppoisat
saavut vinttikaivolta - muistoissa

Kuva TK

Vanha totuus

128. Muistojen äärellä

Noitarumpuja kymmenittäin
niiden taianomaista ääntä
kuuntelen päivittäin
asun kaukana, kaukana
etäällä täältä
nyt pohjoisen lumottu piiri
se on osa vaeltajan matkaani

Istun tunturin juurella yksin
muistan kerran, kun sylityksin
Saanan huipulta katsoimme alas
kylää, metsiä, järviä, huippuja kauas
muistojen määrä on runsas

Kuksa kourassani höyryää
nuotiokahvien kyytipoikana tikkuviinaa liraus
maltilla katseeni ylös rinnettä kipuaa
kuukkelin ohilento on vain vilaus
peräänsä katson, en sitä nää
veijari oksantyngässä eväitäni vahtaa

Käy vihuri vinkuen
korvissa tuulenvire soittaa
hörpin kahvinloput suutani maiskuttaen
kuukkeli leiville päästä koittaa
minä sille ymmärtävästi hymyilen
se tietää kyllä, turisti olen

129. Aito

Henkinen villapaita
ihanan lämmin ja aito

130. Ihan itse

Ihan itse
minä jumaliste
konttasin tien vieritse
polveni verille
pääsin perille

Ihan itse

131. Mitä tekis

Olisiko tuokio
liian pitkä hetki
kohdata itsensä

antaa periksi
ja saada hyvä mieli

vai pitäisinkö vihani
ja lilluisin epäilyksessä
lopun elämääni

132. En sido

En aikaan sido elämääni
se sitoo minut, elämään

135. Vanha totuus

uskollisinkin koira
haukkuu joskus isäntänsä

136. Kantava voima

Syvyyksiin
sukeltaa ajatus, voima
jolla voittaa vastuksen
ja selättää luulon
ettei siihen pystyisi

Vaipuen syviin ajatuksiin
puntarointiin, ennakoiviin
uskaliaisiin jopa pelokkaisiin
kerkeästi ajaa pois
hyssytelläkseen olemattomia

Nousee pintaan käsitys
että syvin ajatus on kantava voima

137. En rupee

En rupee
en ala kilpalaulantaan
    siitä kuka on paras
kuka eniten uskaltaa
    sisältään on heikko
    lähes joka veikko
kun tiukkaan paikkaan joudutaan
eikä helpotusta olotilaan
tarjoa kukaan

En ryhdy
en kykene mollaamaan
    sitäkään hylkääjää
kuka sitä jaksais
    ikuista itsensä kehujaa
loputtomasti kuunnella
ja ylistää
    olkoon siis yksinään
    tyhjäpää

138. On lähdettävä

Joka päivä
minun on lähdettävä
lähtemisen tarve
on kuin tuli sisälläni
matkani tuo lämmön
tulen liekit tyynen mielen
ja minä katson taas
vesille

vapaana kelluvat
ajatukseni

139. Kaksin vaarin kanssa

Hän piti kiinni
(henkisesti)
kädestäni.

Kaksin kävelimme kylätietä
vaarin kanssa vierailulle
minä vielä kossi
kouluikäinen

Vaari kulki rauhallisesti
nojasi kainalosauvoihinsa
käveli yhden jalan varassa
kertoillen harvakseltaan tarinoita

Kävelimme kaksin
vain sen kerran

Murtaen

Kuva TK

140. Kun lähtö tuloo

Lapuanjoen rannoolla
ollahan ja kuollahan
lopulta
taloolliset isojen kivien alla
köyhät syrjässä sivummalla
soivat kellot kaikille
kun tuloo lähtö
hilijasuuren reitille

141. Komiaa

Ne vaikka kuolis toisilleen
niin ovat ylypeet omistaan
rappusilla tai tien päällä
jyrähtelöö ja hyvästelöö
yhtehen ja erikseen menöö
ylypiästä lempiäksi
hempiästä kovemmaksi
kaikki sen tietää ja kuuloo
kaks komiaa on enämpi
ko yksi, yhesä kaksi

142. Kylmää kyytiä

Ehkä se juro
oli aikansa ufo
jos helläksi ryhtyi

helapäät roikkui vyötäisillä
kauhuhuudot raikui ympärillä
kun pohojalaaset tuloo

Ehkä se söpö
oli kylän höpö
oikea jörö

niskavuorelaaset portahilla
seisoo komiasti ulottuvilla
ku kylälääset kulukoo

Pehmo miesolio
tossun alla oli jo
pumpulissa kasvoi

kylymää kyytiä otti
tuli kirkko ja rovasti
virtehen yhtyi

143. Talavia

Tien reunasa aurauskeppi
palijo valakiaa lunta,
kinos nostettu korkiaksi läjäksi
jolta kossit mäkiä laskee

punaset ja siniset pulukat
vaan silimissä vilisee

ja tytöt villinä kilijuvat
ko eivät tohi laskia alas

yks korjaa
vinnoon mennyttä pipua
toinen immee lunta lapasista
ja vahingosa pulukkaan istuu

se on menua nyt

144. Kewäällä

Repiää riemu ko
kevväällä lumi sullaa
saahan tinttaruutu piirtää
muraseen pihhaan

Vappuna pannaan tennarit jalakaan
ruuvvusta yksi hyppy alakaa
alusa vähä kurraa roiskuu
vaan äkkiä se ongelma poistuu
ja pahimmat ravat väistää

Ei voittua korvaa mikkään
ja hävinny voi noitua pitkään
katkeran sulosta se on kuunnella
ko vaihetaan tinttaruutu narruun
tai kymmeneen tikkuun laualla

On se hupasta
sanon vaan

145. Muistin syvyyksissä

Kohahuttaa kylymät puhheet
enämpi ko pohojosen viiliä tuuli
saa puhheista heti moitteet
äksyt läksyt huomiselle
jotta jotaki oppis ja sitte ossais

Keviästi kesä niitulla leppää
puhaltellee hellästi korvaan
lämpyä talavia ootellesa
suhisee kissankellojen soittua
soutamaan muistin syvvyyksisä

146. Olo yhesä murteella

Käjet olokapäällä
päivän alakaessa vietetään yhessä hetki
kiikkustoolisa katseitten kohatessa
kertavuu vuojet ja matka, aatosten reitti
olo yhesä on turvallinen retki
kahtotaan huomiseen, kätesi olokapäälläni
se koskettaa suoraan syvämmeeni

147. Seihtemän

Rästäästä roikkuu
seihtemän jääpuikkua
niitä on hupanen kahtua
ko räntää sattaa taivaalta

Jo vain
tullee ketunleipiä ikävä
pimiäsä kävellesä
pittää muistella
kuinka kesällä saa astella
ja räknätä apilankukkia
ja pääskysten lentua kahtella

Tirpalla on takatalaven tulo

148. Muistin syvyyksissä

Kohahuttaa kylymät puhheet
enämpi ko pohojosen viiliä tuuli
saa puhheista heti moitteet
äksyt läksyt huomiselle
jotta jotaki oppis ja sitte ossais

Keviästi kesä niitulla leppää
puhaltellee hellästi korvaan
lämpyä talavia ootellesa
suhisee kissankellojen soittua
soutamaan muistin syvvyyksisä

149. Pehemosia

Nuin aattelin tehä
koluta nurkisa ja ehtiä
sopivan keinon raatata
puhua pehemosia
ko järki olis kajonnu

Alavariinsa ne puhhuu
muutki, sannoo jotta
tyhymä se on ko vaan kahtoo
eikä sano mittään,
mikä lie aivoinvaliiti

Rykäsin pari kertaa
ja sannoin ettei pöhölö sano
jos viisas ei pyyvvä eli käske
raatata vaikka lämpimiksi
ejes sen verran
jotta saa sanua

Kiitos

Kirjoitin paperille
ajatuksiani koneelta, nyt
mustekynä tuntuu niin hitaalta
on kuin muisti olisi pätkinyt
sanat, rivit, lauseet, kappaleiksi
niitä sitten metsästin
en pyssyllä,

                en

vaan muistia pinnistäen
huomasin, osa karkasi jo
katosi pois ulottumattomiin
pyyhkiytyi lopullisesti
arkilta

Hausjärven Hikiä keväällä 2022

Mauri Laakkonen

152